AF331761

MÉMOIRE

LU A LA SÉANCE PUBLIQUE

DE L'ACADÉMIE DES INSCRIPTIONS ET BELLES-LETTRES,

DU 31 JUILLET 1829;

PAR M. PARDESSUS,

MEMBRE DE CETTE ACADÉMIE.

———

PARIS,

IMPRIMERIE DE PLASSAN ET Cᵉ, RUE DE VAUGIRARD, Nº 15.

1829.

Ce Mémoire a été imprimé dans la *Thémis*, ou *Bibliothéque du Juris-consulte*, Recueil principalement consacré à la théorie et aux antiquités du Droit, et pour lequel on souscrit à Paris, rue Soufflot, n. 2. — Prix, pour une année, ou quatre livraisons formant un volume d'environ 600 pages, 12 fr., pour Paris; 13 fr. 80 c., par la poste, pour les départe-mens.

MÉMOIRE

*Sur un monument de l'ancien droit coutumier de la France, connu sous le nom d'*Assises *du royaume de Jérusalem* (1).

Les croisades ont été considérées sous les points de vue religieux, militaires, politiques et commerciaux. Par une sorte de fatalité, il n'a pas encore été possible de bien connaître la législation que les premiers croisés avaient établie dans le royaume dont ils furent les fondateurs. Cette connaissance nous intéresse cependant d'une manière spéciale, puisque ces croisés, presque tous Français, portèrent en Palestine le droit et les usages qui étaient alors en vigueur dans la France.

____

(1) Ce Mémoire, qui a été lu à l'Académie des Inscriptions, dans sa séance publique du 31 juillet 1829, n'est que l'extrait d'un travail plus étendu, que l'auteur avait communiqué à ses collègues dans une des séances particulières de l'Académie. Obligé de se réduire, pour la séance publique, à une lecture de vingt-cinq minutes, l'auteur a été dans la nécessité de s'en tenir à ce qui pouvait le mieux faire connaître le manuscrit dont il s'agit, et d'omettre l'historique de la rédaction et des révisions des *Assises*, ainsi que les conjectures sur les sources dont les rédacteurs ont pu faire usage. Ces points ont été traités en Allemagne, dans le tome XXXV de l'*Hermès*, et dans l'*Histoire des Croisades* de M. Wilken ; mais les pièces inédites dont il sera parlé dans ce Mémoire paraissent exiger quelques rectifications dans les assertions des savans allemands.

1

(2)

Un événement inespéré nous offre aujourd'hui des secours dont furent privés trop long-temps les historiens et
les jurisconsultes qui avaient essayé de constater l'état de
notre droit civil dans les temps qui ont précédé la pro-
mulgation des célèbres *Etablissemens de saint Louis*.

La Bibliothèque du Roi a recouvré, depuis peu de
mois, un manuscrit digne d'attirer l'attention des savans
par l'importance des pièces qu'il contient, et même
d'exciter l'intérêt des amateurs par la beauté de son exécution et la singularité de sa destinée. Ce manuscrit est
intitulé : *Assises et bons usages du royaume de Jérusalem.*

On sait qu'au moment où les succès de la première
croisade eurent placé, en 1099, Godefroy de Bouillon
sur le trône de la Palestine, ce prince confia l'adminis-
tration de la justice à deux Cours, l'une appelée *Cour
des Barons* ou *Haute-Cour*, et l'autre, *Cour des Bourgeois* (1). Chacune eut son code particulier, connu sous
le nom d'*Assises*. Les dispositions en furent empruntées
au droit français ; plusieurs chapitres d'un document
très-curieux relatif à un procès jugé par la Haute-Cour,
en 1258, au sujet de la régence du royaume, contiennent ces expressions remarquables : « Fort chose à croire
» qu'il y ait usage en ce royaume de Jérusalem qui soit
» contraire à l'usage de France, que ceux qui les y éta-

____

(1) Ces Cours furent établies, non-seulement dans la partie du royaume
que le roi n'avait pas inféodée à des seigneurs hauts-justiciers, mais
encore dans les principautés de ces seigneurs.

» blirent au conquêt de la terre furent Français. (1).»

Ces codes régirent le royaume de Jérusalem jusqu'à la reprise de la Terre-Sainte par les Sarrasins, époque à laquelle il est probable que les autographes, déposés dans l'église du Saint-Sépulcre, ont été anéantis.

Les *Assises* étaient en si grande réputation aux yeux des Francs, que Beaudoin de Flandre, devenu, en 1204, empereur de Constantinople, les adopta pour l'usage de ses compagnons d'armes (2). Avant cet événement, elles avaient été portées dans l'île de Chypre, lorsque Guy de Lusignan en obtint la souveraineté, en 1192 ; c'est même à cette circonstance que nous devons leur conservation.

La république de Venise, devenue souveraine de Chypre, en 1489, y trouva les Assises en vigueur. Mais le français du texte, quoique rajeuni sans doute en 1369, lorsque les États du royaume en firent déposer une copie authentique dans l'église de Nicosie, était devenu si difficile à entendre pour les habitans de Chypre, qu'on fut obligé de le traduire en grec (3). A leur tour, les magistrats vénitiens eurent besoin d'une traduction italienne: la république y fit procéder avec une solennité qui atteste l'importance qu'elle attachait à cette opération.

Des deux exemplaires français adoptés par les commissaires des trois États, pour servir de type à la traduc-

---

(1) *Assise des Barons*, édition de la Thaumassière, pages 196 et suiv.

(2) Ramnusio, *de Bello Constantinopolitano*, lib. III.

(3) La Bibliothèque Royale possède un manuscrit unique de la traduction en grec de l'*Assise des Bourgeois*.

tion italienne , l'un, resté en Chypre, n'existe plus, sans doute ; l'autre, porté à Venise, fut déposé aux archives du Conseil des Dix, en exécution de l'édit ducal de 1490.

L'existence de ce manuscrit n'a été révélée qu'en 1789, époque à laquelle il fut transféré dans la bibliothèque de Saint-Marc.

Louis XVI ayant témoigné le désir d'en avoir une copie, le savant Morelli fut chargé par le Sénat de la faire exécuter sous la surveillance du procurateur de Saint-Marc.

Cette copie, remise au Roi dans le mois de février 1791, ainsi que l'attestent les documens des Affaires Étrangères, qui m'ont été communiqués , disparut, sans qu'on puisse en découvrir exactement la cause et l'époque (1).

Après trente-sept ans, une sorte de hazard a procuré au ministère français l'occasion de l'acheter, au moment où l'on s'occupait de faire transcrire le manuscrit vénitien que la chancellerie d'Autriche avait eu l'obligeance de communiquer (2).

---

(1) On peut s'assurer aujourd'hui en voyant ce manuscrit que Canciani n'avait point exagéré lorsqu'il disait, en 1792, dans son ouvrage : *Barbarorum Leges*, tome V , page 111 : « *Ex principis nostri mandato, di-* » *gnissima tanto regi munera parantis , apographa descripta sunt , ca-* » *dem nobilitate , forma et charactere , ut , picturam potiùs referentia* » *quam scriptum exemplar, evadant in veram imaginem codicum ori-* » *ginalium.* »

(1) Voici, en peu de mots, le récit des faits. M. de Saint-Martin et moi nousnous occupions depuis assez long-temps de démarches relatives à la

On voit, par quelques notes inscrites sur la copie recouvrée, qu'elle avait passé de France en Russie, puis de Russie en Pologne, et que de Pologne elle était revenue en France. Si quelqu'un des possesseurs successifs de cette copie avait lu ou compris le certificat de Morelli, qui constate le don fait par la république de Venise à Louis XVI, des bibliothèques étrangères, ou même de riches particuliers, se seraient empressés de l'acheter, et nous en serions privés sans retour.

Pendant cet espace de temps, le manuscrit vénitien avait aussi éprouvé ses révolutions. Enlevé à la bibliothèque de Saint-Marc, par les commissaires français, en 1797, il avait été apporté à Paris (1), où il est resté jusqu'en 1815, sans que personne ait pensé à le communiquer au public.

L'illustre chancelier Bacon a signalé la faute des historiens qui dédaignaient l'étude des lois et des usages civils; il a déploré le malheur de ceux dont les bonnes intentions avaient été trahies par l'imperfection des documens dont ils faisaient usage (2).

---

copie du manuscrit vénitien, lorsqu'en janvier dernier, le hasard apprit à M. de Villebois, administrateur de l'Imprimerie royale, qu'une personne avait des manuscrits des *Assises*. Au premier coup-d'œil, M. de Villebois reconnut que ce qu'on lui présentait était l'exemplaire donné à Louis XVI; il s'empressa de traiter pour 5oo fr. : le Roi a ordonné que la somme fût doublée.

(1) Il porte encore le timbre et le numéro de la Bibliothèque *nationale*.

(2) *De Justitia universali*, aph. 29.

On ne peut, sans doute, appliquer la première partie de ces réflexions à nos historiens modernes : lorsqu'ils ont eu à parler du droit féodal du XIe siècle, ils n'ont jamais manqué de recourir à l'*Assise de la Haute-Cour*, que La Thaumassière a publiée en 1690. Mais il est certain du moins qu'ils n'ont pas eu à leur disposition la totalité des documens nécessaires. Indépendamment de ce que cette Assise a été imprimée d'après un manuscrit incomplet et inexact, il existe dans la copie nouvellement recouvrée plusieurs ouvrages volumineux, composés pour développer et expliquer cette Assise, et qui peuvent seuls éclaircir un assez grand nombre d'obscurités, ou remplir des lacunes, dans nos connaissances historiques.

D'un autre côté, l'*Assise des Bourgeois* et les documens qui en forment le supplément, n'ayant jamais été publiés, le silence des historiens et des jurisconsultes, très-excusable, sans doute, nous a mis jusqu'à présent dans l'impossibilité de bien connaître un des plus curieux monumens du droit coutumier de la France.

Si, par cette expression, *droit coutumier*, il fallait entendre les coutumes en vigueur au moment où nos lois nouvelles ont établi l'uniformité du droit civil, des recherches sur cet objet seraient d'un faible intérêt : les textes de ces coutumes ont été recueillis; la plupart ont eu de nombreux et de savans commentateurs.

Mais ces coutumes, successivement réformées, avaient subi l'influence d'une jurisprudence éclairée par l'étude du droit de Justinien, et perfectionnée par les progrès de la civilisation. Elles ne ressemblent guères que par le nom aux coutumes primitives qu'elles avaient remplacées. Elles présentent des effets qui n'instruisent pas de leurs causes ; elles indiquent un point d'arrivée sans faire connaître, ni celui du départ, ni la route suivie, ni les divers incidens d'une longue traversée ; elles attestent l'état du droit coutumier au temps de leur dernière rédaction ; mais elles nous laissent dans l'ignorance de celui qui existait au premier moment où ce droit s'est formé : or ce seraient ces causes, ce point de départ, cet ancien et primitif état qu'il importerait de constater.

On s'accorde assez généralement à reconnaître que cette variété de coutumes locales, qui si long-temps a rendu étrangers entre eux les habitans de la même patrie, a commencé au IXe siècle. Cependant les plus anciens monumens dont nous ayons pu faire usage jusqu'à présent, sont les *Établissemens de Saint-Louis* et les écrits de Desfontaines et de Beaumanoir, promulgués ou composés dans le XIIIe siècle.

Les Assises aideront à remplir cet intervalle de quatre cents ans. Elles offriront un fanal qui pourra dissiper l'obscurité des deux siècles antérieurs à leur rédaction ; elles faciliteront la recherche des modifications du droit coutumier dans les deux siècles qui l'ont suivie.

Les bornes assignées à ce Mémoire ne me permettent pas de présenter le détail de tout ce que les Assises contiennent. On me reprocherait cependant de n'en avoir pas du moins offert le plan sommaire. (1).

____

(1) Le manuscrit est en deux volumes: le 1er contient 364 feuillets ; le 2e en contient 94 ; l'un et l'autre est écrit à deux colonnes.

L'Assise de la Haute-Cour contient 273 chapitres, celle des Bourgeois 267. Je passe sous silence les docu-

---

Voici l'indication sommaire du contenu de chaque volume :

PIÈCES DU PREMIER MANUSCRIT.

1° Assise de la Haute-Cour, depuis le feuillet 1er jusques et y compris le feuillet 174. Ce morceau a été publié par La Thaumassière, en 1690, d'après un texte défectueux. Il est en italien dans la traduction officielle ordonnée par le sénat de Venise, et imprimée en 1535. Canciani a inséré cette version italienne dans le tome V de l'ouvrage intitulé *Barbarorum Leges.*

2° Un Morceau à la fois législatif et historique sur la minorité du roi et sur la régence, depuis le folio 174 jusqu'au folio 177. Il n'a été ni publié ni traduit.

3° Une série d'Usages de la Haute-Cour, depuis le folio 178 jusqu'au folio 182. Cette pièce n'a jamais été publiée en français, mais elle fait partie de la traduction italienne.

4° Une série d'Usages relatifs au serment du roi et de ses hommes, et à plusieurs objets de droit féodal, depuis le feuillet 183 jusqu'au feuillet 191. Ce document n'a jamais été publié en français, mais il fait partie de la traduction italienne.

5° Un Morceau historique sur différentes familles européennes qui s'étaient établies dans la Terre-Sainte, depuis le folio 191 jusqu'au folio 197. La Thaumassière et le père Labbe l'ont publié sous le titre de *Linages d'outre-mer.* Il n'a pas été traduit en italien.

6° Règles sur la Bataille pour meurtre devant Cour des Bourgeois, depuis le folio 198 jusqu'au folio 200. Elles n'ont été ni publiées ni traduites.

7° Un Morceau historique de 1291 sur une contestation entre le roi de Chypre et ses hommes, soumise à l'arbitrage du roi d'Angleterre, depuis le folio 200 jusqu'au folio 204. Il n'a été ni publié ni traduit.

8° Instruction de Philippe de Navarre, pour un de ses amis, sur la manière de procéder devant la Haute-Cour, depuis le folio 205 jusqu'au folio 260. Elle n'a été ni publiée ni traduite.

9° Un ouvrage intitulé *Clé* ou *Fleur des Assises*, qui est un abrégé sommaire en forme de paratitles de l'Assise de la Haute-Cour, depuis le folio 261 jusqu'au folio 278. Il n'a été ni publié ni traduit.

10° Le livre des Usages de la Cour des Bourgeois, intitulé le *Plédeant*,

mens destinés à les développer, et quelquefois à les compléter.

Environ cent chapitres traitent de la féodalité ; plus de trois cents règlent tout ce qui peut intéresser l'état des personnes , les mariages et les conventions matrimoniales , les successions, donations et testamens , les diverses espèces d'obligations civiles ou commerciales. Presque toutes leurs dispositions s'étaient maintenues dans nos coutumes; un grand nombre se retrouve dans nos codes.

Environ quatre-vingts chapitres traitent des crimes et délits contre l'ordre public , les propriétés, les mœurs, la réputation d'autrui. En général les définitions ont une grande précision, les peines sont dans une sage proportion avec les torts ; on ne trouve point de traces des préjugés du temps relativement aux maléfices et aux sortiléges ; en un mot, à l'exception de l'abjuration de religion, et de quelques faits contraires aux bonnes mœurs, sur lesquels

---

depuis le folio 279 jusqu'au folio 315. Il n'a pas été publié en français , mais il a été traduit en italien, à l'exception du dernier chapitre intitulé *des Priviléges des Églises*. Canciani a inséré cette traduction dans le tome IIe de sa collection , à la suite de la traduction de l'Assise des Bourgeois.

11° Un autre livre sur la procédure devant la Cour des Bourgeois , depuis le folio 315 jusqu'au folio 339. Il n'a été ni publié ni traduit.

12° Divers Documens et Formules d'actes relatifs au droit et à des décisions de Cours , depuis le folio 339 jusqu'à la fin. Ils n'ont été ni publiés ni traduits.

PIÈCE DU DEUXIÈME MANUSCRIT.

Assise des Bourgeois. Elle n'a jamais été publiée en français , mais elle a été traduite en italien , et Canciani a inséré cette traduction dans le tome IIe de sa collection.

les législations modernes ont gardé un silence prudent,
il n'est aucun acte puni par les Assises qui ne le soit encore par nos lois.

Je dois seulement faire observer qu'on ne trouve point
dans les Assises de traces de l'action publique pour les
crimes commis au préjudice des particuliers. C'est à la
partie lésée que la poursuite appartient ; si, après qu'elle
l'a entamée, elle s'accorde avec l'offenseur , le procès
est anéanti (1). Si le plaignant meurt avant de s'être accordé et d'avoir obtenu satisfaction, ses héritiers ont
droit de continuer la procédure (2).

Devant l'une et l'autre Cour, le combat judiciaire était
admis en matière criminelle, mais dans certains cas seulement. Toutefois, la Cour des Bourgeois ne pouvait l'or-
donner qu'avec l'agrément du seigneur haut-justicier.
Par une disposition qui mérite d'être remarquée, si l'accusé qui devait soutenir le combat était pauvre , la Cour
lui fournissait les vêtemens et les armes convenables ; si
c'était une femme, pour laquelle aucun de ses parens ne
se présentât, la Cour nommait un champion chargé de la
défendre (3).

De plus, l'Assise des Bourgeois admettait l'épreuve par
le fer brûlant. Mais l'accusé avait seul le droit de se pur-
ger de l'accusation par cette voie, la Cour ne pouvait l'y
contraindre; et s'il ne s'y soumettait pas , le procès s'ins-
truisait dans la forme ordinaire (4).

---

(1) Assise des Bourgeois, chap. 244.
(2) Assise des Bourgeois, chap. 238.
(3) Assise des Bourgeois, chap. 237.
(4) Assise des Bourgeois, chap. 231.

La Haute-Cour avait pour chef le roi , ou le seigneur dans les parties du royaume inféodées avec droit de justice; ses vassaux lui servaient d'assesseurs.

La Cour des Bourgeois avait pour chef de justice un vicomte nommé par le roi, ou un bailli nommé par le seigneur haut-justicier. Des jurés, élus par les bourgeois, formaient un corps tenu de fournir des avocats aux parties , et des assesseurs pour le jugement.

Les obligations de ces juges et jurés sont tracées avec soin. Le chef de la Cour, dit l'Assise, doit avoir la crainte de Dieu , l'amour de la justice, connaître parfaitement les lois et les coutumes , ne pas souffrir qu'il y soit porté atteinte , ni qu'il s'introduise des usages mauvais ; il ne doit faire aucune acception de personnes , rendant justice au grand comme au petit ; il doit assurer la liberté des opinions (1) ; le roi lui-même ne peut porter aucune atteinte à l'autorité des jugemens (2).

Les jurés, chargés de la double fonction de servir de conseil aux parties et de juger dans les procès , doivent chercher à concilier les plaideurs ; ils ne peuvent connaître, comme juges, des affaires dans lesquelles ils ont consulté. S'ils manquent à ces devoirs, s'ils communiquent le secret des délibérations, s'ils refusent la défense de la veuve et de l'orphelin , ils sont exclus et déshonorés (3).

Lorsque les commerçans étrangers avaient des pro-

---

(1) Assise des Bourgeois, chap. 1, 22, 23.
(2) Haute-Cour, chap. 31, 1314 (6, 115). Assise des Bourgeois, ch. 24.
(3) Assise des Bourgeois, chap. 7, 8, 9, 10, 11, 12, 245.

cès entre eux, ils étaient jugés par des juges de leur na-
tion, et d'après leurs propres lois (1). Dans les autres
cas, l'étranger jouissait devant les tribunaux du pays
de la même faveur que les Francs; mais lorsqu'il s'agis-
sait de prêter serment, chacun observait le rite particulier de sa religion, et même on n'admettait point
contre un homme d'une religion des témoins d'une religion différente (2).

Mettons de côté tout amour-propre, je ne dirai pas
national, puisque les Assises sont un monument de la
langue et de la jurisprudence française, mais cet amour-
propre qui persuade si facilement aux hommes que
le siècle où ils vivent est celui des plus grands per-
fectionnemens, et demandons-nous si des codes qui,
au XIe siècle, avaient prévu avec tant de soin tout
ce qui peut intéresser l'état des personnes, la sûreté, la
propriété, l'impartiale distribution de la justice et la to-
lérance religieuse, ne méritent pas de sortir de l'oubli?

L'étude des pièces inédites contenues dans le manuscrit récemment recouvré, fournira incontestablement
les moyens de mieux connaître certains points de jurisprudence, et même des usages relatifs à l'état social, qui
jusqu'à présent ne sont connus que par le secours de
documens du XIIIe siècle.

Montesquieu, qui a traité du combat judiciaire dans
plusieurs chapitres du livre xxviii de l'*Esprit des Lois*,
a dit, et ceux qui ont écrit après lui, ont répété, qu'en

____

(1) Assise des Bourgeois, chap. 131.
(2) Assise des Bourgeois, chap. 55, 56, 57, 58, 59, 60, 124.

matière civile, le combat était admis dans toute juridiction, excepté la juridiction ecclésiastique. L'Assise des
Bourgeois peut rectifier cette assertion. Elle n'admet le
combat judiciaire que si l'intérêt du procès égale un marc
d'argent, valeur alors assez considérable, et encore faut-
il qu'il ne se trouve qu'un seul témoin du fait ou de la
convention alléguée (1) ; et même ce combat est inter-
dit en matière de commerce maritime (2).

Cette Assise peut aussi rectifier ou du moins compléter
ce que le même auteur a dit sur la faculté qu'un plaideur
mécontent avait de *fausser la cour.*

On sait qu'avant le XIII° siècle, les parties condamnées
par un jugement n'avaient pas droit de se pourvoir devant un juge supérieur; chaque cour était souveraine
dans les limites de sa compétence.

Mais un point d'honneur assez mal entendu avait in-
troduit dans les cours des seigneurs, l'usage que si le plaideur mécontent reprochait aux juges d'avoir prononcé
faussement ou méchamment, ces derniers ne pouvaient
se dispenser de soutenir leur jugement par le combat. On
devait se battre contre tous les juges l'un après l'autre,
dans le même jour : s'ils étaient vaincus, le jugement
était réputé non avenu; la mort était la peine du plaideur téméraire qui succombait (3).

Les juges de la Cour des Bourgeois n'étaient pas obli-

---

(1) Assise des Bourgeois, chap. 50, 125.
(2) Assise des Bourgeois, chap. 40.
(3) Haute-Cour, ch. 110, ou 111 et 112 de l'édit. de la Thaumassière.

gès de défendre leurs décisions par ce moyen bizarre et périlleux.

On reconnaissait bien qu'à l'égard de cette Cour, comme à l'égard de la Haute-Cour, *fausser le jugement*, c'était insulter les juges qui l'avaient rendu : mais si le préjugé forçait les nobles de laver l'injure dans le sang de l'offenseur, une amende était, au contraire, la peine de l'insulte faite au juge bourgeois (1), et le jugement ne s'en exécutait pas moins. Cette distinction n'a pas été connue de Montesquieu. Elle lui aurait, sans doute, fourni quelqu'une de ces réflexions piquantes dont il a semé son ouvrage.

Indépendamment d'un grand nombre de semblables observations de détail, que les Assises peuvent fournir, il en est une qui me paraît digne de fixer l'attention de ceux qui voudront étudier à fond l'état des personnes au moyen-âge.

C'est une opinion assez générale que depuis l'introduction du régime féodal dans le IXe siècle, jusqu'aux affranchissemens des communes, qui ont commencé seulement au XIIe, il n'y eut plus en France, au moins dans la partie connue sous le nom de pays coutumiers, d'hommes *non nobles* qui fussent libres et s'appelassent *bourgeois*. Mais en voyant que, dès l'an 1099, un corps de lois, rédigé d'après les usages français, crée des cours de bourgeoisie composées de jurés choisis par les bourgeois, et que ces cours ont des formes particulières de procéder, des

____

(1) Assise des Bourgeois, chap 232.

(15)

règles de droit civil nombreuses , on sera peut-être conduit à croire que la liberté n'avait pas été entièrement anéantie, même au temps des plus grands excès du régime féodal ; qu'il existait toujours une classe d'hommes libres et concourant à la distribution de la justice par des jurés de leur choix. Sans doute, à ces époques malheureuses pour la civilisation , les droits et la liberté de ces bourgeois étaient quelquefois compromis, menacés , suspendus, usurpés même par des seigneurs injustes ; mais ces droits étaient bien plus souvent respectés, soit parce que le sentiment de la justice le commandait , soit parce que la crainte des résistances arrêtait ceux pour qui la justice n'aurait été qu'une faible barrière.

Comment, en effet, se serait-il trouvé parmi les nouveaux habitans du royaume de Jérusalem , composé presque en entier de Français, un nombre de bourgeois assez considérable pour qu'on lui ait accordé , en organisant ce royaume , des cours et un code spécial, s'ils n'étaient pas eux mêmes sortis de leur pays natal avec cet état de bourgeoisie.

Supposerait-on que l'effet de l'enrôlement pour la croisade fut de donner la liberté aux serfs qui suivirent leurs seigneurs ? Mais outre que les monumens historiques ne parlent point de cet événement, qui aurait bien mérité d'être remarqué, l'Assise de la Haute-Cour contient plusieurs chapitres relatifs à la servitude des *main-mortables*, et les principes contenus dans ces chapitres sont les mêmes que ceux qui étaient observés en France tant que la main-morte y a subsisté.

Il est donc évident qu'au XIe siècle , il existait un

grand nombre d'hommes qui, sans être nobles, jouissaient de la liberté et ne pouvaient être confondus avec les serfs.

Des lois, ou, si l'on veut, des usages, devaient être observés dans les tribunaux, lorsqu'il fallait régler l'effet des conventions intervenues entre ces hommes et juger leurs procès ; et ce furent ces usages qui devinrent la base de l'Assise des Bourgeois, rédigée pour le royaume de Jérusalem.

Si les principes de droit contenus dans cette Assise n'ont pas été importés de France, où les aurait-on puisés ? Serait-ce dans le droit de Justinien, qui était effectivement la loi de l'empire grec, et par conséquent de la Palestine, avant l'invasion des Mahométans ? Mais précisément l'Assise contient, sur les successions, sur les communautés entre époux et les douaires, sur les retraits lignagers, des règles tout-à-fait opposées à ce droit de Justinien ; des règles qui se sont conservées jusqu'à nos jours dans les coutumes de la France, et que les provinces méridionales, régies par le droit romain, n'avaient point admises ; des règles, enfin, qui, elles-mêmes, doivent leur origine aux lois germaniques observées sous les deux premières races, et dont les fragmens ont été la source du droit coutumier des provinces septentrionales.

D'ailleurs, ce n'est pas seulement par des conjectures, quelque fortes qu'elles soient, qu'on peut établir l'origine française des Assises. J'ai déjà cité la preuve que fournit le document authentique de 1258. Rhamnuse le confirme par ces expressions remarquables : « *Balduinus... leges* » *Hyerosolimarii regni militares pariter ac civiles quas*

» *Assisias vocant, Constantinopolim transferri jussit...;*
» *quòd, antiquioribus Gallicis, atque iis propriis verbis*
» *conscriptæ, multum auctoritatis essent habituræ.* »

Il est inutile de pousser plus avant le développement
de ces considérations. Je n'ai point eu l'intention de présenter un travail complet sur notre ancien droit coutumier; j'ai voulu exciter l'attention de ceux qui ne dé-
daignent pas l'étude des antiquités de la jurisprudence,
et leur indiquer le trésor dont il leur est permis de pro-
fiter. Si j'ai atteint ce but, je croirai avoir été utile.

Je terminerai par quelques mots qui seront, j'ose le
croire, entendus avec satisfaction pas les hommes éclai-
rés devant lesquels j'ai l'honneur de parler. Le Roi, qui,
à l'exemple de ses augustes prédécesseurs, saisit toutes
les occasions de protéger et d'assurer la publication des
ouvrages utiles, a, sur la proposition de M. le garde-des-
sceaux, décidé que toutes les pièces contenues dans le
manuscrit dont je viens de rendre compte, seraient publiées par l'Imprimerie royale. Cette mesure recevra,
sans doute, l'assentiment général, et une sévère écono-
mie ne regrettera point les dépenses que la France seule
pouvait et devait faire.

Les Assises sont un des plus anciens monumens de
notre langue et de notre législation. Elles attestent la sa-
gesse de nos pères; elles se rattachent à de grands sou-
venirs historiques, à des expéditions qui portèrent au loin
la gloire de nos armes; et, pour de tels objets, tous les
âges sont solidaires.